RACINE CHEZ CORNEILLE,

OU

LA LECTURE DE PSYCHÉ,

COMÉDIE EN UN ACTE ET EN VERS;

PAR M. BRULEBOEUF-LETOURNAN.

Représentée pour la première fois, à Rouen, sur le théâtre des Arts, le 29 juin 1825, jour anniversaire de la fête du grand Corneille.

PRIX : 1 FRANC 25 CENTIMES.

PARIS,
CHEZ DELAFOREST, LIBRAIRE,
RUE DES FILLES-ST.-THOMAS, No. 7;
ET CHEZ L'AUTEUR, CLOÎTRE SAINT-MERRI, No. 20.

Septembre 1825.

IMPRIMERIE ANTH^e^. BOUCHER, RUE DES BONS-ENFANS, N°. 34.

A MONSIEUR

LE B[on]. DE CHAPAIS DE MARIVAUX,

Ancien premier Avocat-général de la Cour des comptes, aides et finances de Normandie, etc., Conseiller de Sa Majesté en sa Cour royale de Rouen, Chevalier de l'ordre royal de la Légion-d'Honneur, Membre de l'Académie royale des sciences, belles-lettres et arts de Rouen, de la Société d'émulation de la même ville, etc., etc.

Monsieur le Baron,

Je place sous l'auspice de l'amitié ce faible opuscule. C'est dans vos doctes entretiens (qu'il vous en souvienne) que j'en ai conçu la première idée; j'ai puisé le reste dans mes adorations, comme dans le noble et brûlant enthousiasme que vous inspire, et à tous vos compatriotes, le nom du grand Corneille.

L'admiration des Rouennais a consacré, par un marbre pieux, le toit modeste et révéré où naquit l'immortel auteur du *Cid* et de tant d'autres chefs-d'œuvre; chaque année, à la Saint-Pierre, une fête, qui les honore, célèbre ce beau souvenir de gloire; et j'ai osé, celle-ci, entrelacer à mon tour quelques festons au solennel apothéose du père de la tragédie.

Comblé de suffrages honorables, mais trop indulgens peut-être, j'aspire moins, par l'impression de ma pièce, à les justifier, qu'à remplir un devoir bien doux, celui de vous la dédier, et d'exprimer ma respectueuse et inviolable reconnaissance envers la patrie du grand homme. Et quelle contrée! La nature l'a comblée d'incomparables largesses. Rouen n'est pas moins la ville du génie que celle des hautes conceptions agricoles, commerciales et industrielles qui en font comme la seconde capitale de la France.

J'ai l'honneur d'être avec respect,

Monsieur le Baron,

Votre très humble et très obéissant serviteur,

BRULEBOEUF LETOURNAN.

RACINE CHEZ CORNEILLE,

OU

LA LECTURE DE PSYCHÉ.

COMÉDIE.

PERSONNAGES.	*ACTEURS.*
PIERRE CORNEILLE,	MM. SAINT-ELME.
THOMAS CORNEILLE,	ROBLIN.
FONTENELLE, leur neveu,	ERNEST.
VALÈRE, jeune avocat, ami de Fontenelle,	EDOUARD.
MOLIÈRE,	TISTE.
BOILEAU DESPRÉAUX,	RAYNAL.
RACINE,	ALFRED.
LA FONTAINE,	BIÉ.
Mme. CORNEILLE,	Mmes. SIMONNET.
Mlle. CORNEILLE,	SAINT-ELME.
Un page à la livrée de Colbert,	ASTRUC.

La scène est à Paris, en 1670, dans la maison occupée par les deux Corneille.

2e. DIVISION. — 3e. Bureau.

Vu au Ministère de l'intérieur, conformément à la décision de Son Excellence en date de ce jour.

Paris, le 25 mars 1825.

Par ordre de Son Excellence,

Le Chef du bureau des théâtres,

Signé COUPART.

Vu à la Préfecture du département de la Seine-Inférieure.

Rouen, le 8 avril 1825.

Le Chef de la première Division,

Signé BALLIN.

RACINE CHEZ CORNEILLE,

COMÉDIE.

Le théâtre représente l'intérieur du cabinet de P. Corneille. Au lever de la toile, il est assis, en robe de chambre, à son bureau, placé à la gauche de l'acteur; du même côté, et attenant, sont un portrait en pied de Louis XIV et une petite porte ouvrant dans le cabinet de Thomas Corneille. A droite est une console couverte de plusieurs vases de fleurs, tout auprès une autre porte; dans le fond l'entrée principale.

SCÈNE PREMIÈRE.

CORNEILLE *seul, à son bureau, tenant à la main le manuscrit de* Psyché, *qu'il achève.*

Oui, *Psyché* doit, au gré de mon âme charmée,
De ce bon Poquelin servir la renommée.
Je n'ai fait que les vers!... trop heureux, seulement,
Si du plan qu'il traça mon vers est l'ornement.
Notre auguste monarque avait dit à Molière :
« Mais à quand donc *Psyché*? — Sire, j'ai tant à faire...
» —Hé bien, soit,» dit Louis : « Je la veux... dans huit jours.
Molière embarrassé m'appelle à son secours.
Ce tableau, de l'Albane exigeait la palette,
Un ami m'en priait.... j'ai liquidé sa dette.

Le Roi sera content; huit jours, un opéra!
J'ai mis plus de deux ans à composer *Cinna.*
Racine, Despréaux, dites que je sommeille;
Je suis, à soixante ans, toujours le grand Corneille.

(*Se levant, son manuscrit en main.*)

Molière ne sait pas que j'achève aujourd'hui;
Avant de l'en instruire et de passer chez lui,
Faisons part à Thomas de cette œuvre nouvelle.

(*Il appelle à la petite porte de gauche.*)

Thomas!... De l'amitié mon frère est le modèle;
A ses avis souvent je gagne à me ranger.

(*Appelant encore.*)

Thomas!... Il est sorti! Cela me fait songer
Que nous eûmes hier une querelle ensemble:
C'est, depuis quarante ans, la première!... Je tremble
De l'avoir affligé, contrarié... Non, non,
Il est bien sans rancune, et puis j'avais raison.
C'est pour ma pension que Colbert me supprime;
Je ne réclame point, Thomas m'en fait un crime!...
Je l'obtins, on le sait, sans la solliciter;
Le Roi m'en fit honneur, Colbert peut me l'ôter.

(*Apercevant les fleurs qui ornent la console et son bureau.*)

Des fleurs? quelque surprise encor que l'on m'apprête!...

(*Se ressouvenant.*)

Je l'avais oublié, c'est aujourd'hui ma fête.
L'absence de Thomas est un point éclairci;
Il est allé chercher ma fille: Elle est ici!

SCÈNE II.

CORNEILLE, Mme. CORNEILLE, Mlle. CORNEILLE, THOMAS.

CORNEILLE, *qui a été au-devant de sa fille.*

(*A sa femme.*) (*A son frère.*)
Eh ! bonjour, mon enfant ! Bonjour ! Touche-là, frère !
Tu m'aimes, n'est-ce pas ? Tu n'as plus de colère ?

THOMAS.

J'en avais donc ?

CORNEILLE.

Beaucoup... peut-être autant que moi.

THOMAS.

Oh !... de cette injustice il faut te plaindre au Roi.

CORNEILLE, *sans l'écouter, à sa femme, montrant leur fille.*

Comme dans ses regards le contentement brille !
Désormais avec nous tu vas rester, ma fille ?

Mlle. CORNEILLE.

Je quitte, par votre ordre, un asile bien doux,
Mais c'est pour demeurer, pour me plaire avec vous.

CORNEILLE, *à sa femme.*

Notre fille m'enchante ! A propos, et Valère ?
On m'a parlé de lui, j'ai fort connu son père ;
Il faut me l'amener. (*A sa fille.*) Tu rougis ?

Mme. CORNEILLE.

Quelquefois,
Fontenelle au parloir le conduisait.

CORNEILLE, *souriant.*

Je vois.

THOMAS.

Fontenelle! Il protège, il aime sa cousine ;
Il veut la marier!

CORNEILLE.

Quoi, si jeune!

Mme. CORNEILLE, *à son mari.*

Il badine.

(*A Thomas, avec intention.*)
Valère, je m'en doute, est le choix qu'il a fait?

THOMAS.

Certes!

CORNEILLE, *à sa femme.*

Quel âge a-t-il?

Mme. CORNEILLE.

Vingt-quatre ans.

CORNEILLE, *comme se ressouvenant.*

En effet!...

(*A Mme. Corneille.*)
Il est?...

Mme. CORNEILLE.

Avocat.

CORNEILLE.

Bon! je le fus au jeune âge.

(*A sa fille.*)
Et Valère est aimable?

Mlle. CORNEILLE, *vivement.*

On ne peut davantage.

CORNEILLE.

Il t'aime?

Mlle. CORNEILLE, *baissant les yeux.*

Je ne sais.

CORNEILLE.

Comment! on ne dit pas
Que Valère t'adore et que tu l'aimeras?
Je lis, moi, dans tes yeux, que la chose est certaine.
(*Bas, mystérieusement à son frère et à sa femme.*)
Ne précipitons rien, je me vois fort en peine:
Valère est pour ma fille un excellent parti,
D'accord! mais, entre nous, l'avez-vous averti
Que je ne suis pas riche?

THOMAS, *vivement.*

Est-ce là ton affaire?
De quoi te mêles-tu? Ta fille a su lui plaire;
Elle est jeune, elle est sage et belle; il aime, enfin,
La fille de Corneille, et viendra ce matin
Lui-même t'assurer d'un sentiment si tendre.
Trop heureux si, daignant l'accepter pour ton gendre,
A ton sang, à ton nom, tu veux l'associer,
C'est lui qui, de ton choix, va se glorifier.
Le reste me regarde! Est-ce que ma fortune
N'est pas la tienne aussi, notre bourse commune?...
Laisse-moi donc agir, Pierre, et ne sois pour rien
Dans ces menus détails.

CORNEILLE.

Thomas, je le veux bien,
Agis, tranche à ton gré, de toutes les manières;
Mieux que moi tu connais, tu conduis les affaires.

THOMAS.

Pour cela, tu dis vrai, je suis de bonne foi;
C'est en quoi seulement je l'emporte sur toi.

CORNEILLE, *à sa fille.*

Nous la rendrons heureuse et bonne ménagère,
Elle ressemblera de tout point à sa mère.
Aime-nous toujours bien.

Mlle. CORNEILLE.

Mes chers parens, toujours!
Vos généreux bienfaits, vos conseils, vos discours,
Vos soins, que je bénis depuis ma tendre enfance,
Me font plus qu'un devoir de la reconnaissance;
Et c'est à vos genoux....

CORNEILLE, *attendri.*

Viens plutôt dans nos bras,
Ma fille! viens, mon frère!

SCÈNE III.

LES PRÉCÉDENS, MOLIÈRE.

(*Il est entré sans être vu, et s'est arrêté dans le fond du théâtre pour contempler ce tableau de famille.*)

MOLIÈRE, *à part.*

Eh!... ne les troublons pas.
La touchante union!... Quelle amitié paisible!
Oui, Corneille est heureux, et Corneille est sensible.

CORNEILLE, *dans les bras de sa famille.*

J'ai courtisé la gloire et goûté ses faveurs,
Mais, Thomas, la nature a bien d'autres douceurs!

THOMAS.

Quel autre a mieux senti, mieux dévoilé ses charmes?
Chimène et ta *Pauline* ont épuisé nos larmes.

MOLIÈRE, *à part.*

Ce tableau m'attendrit! D'un hymen orageux
Je n'ai recueilli, moi, que des dégoûts affreux!...
Ce cruel souvenir empoisonne ma vie.

(Il tombe, accablé de douleur, dans un fauteuil, et ce mouvement le fait apercevoir des femmes et de Corneille qui vont à lui.)

CORNEILLE.

Quoi! Molière!... Arrachons-le à sa mélancolie.

THOMAS.

Eh!... qui reconnaîtrait à son abattement
Le Térence français!... Lui, de qui l'enjoûment,
De l'aimable Thalie affermissant l'empire,
Même de la sagesse a provoqué le rire!

CORNEILLE, *à Molière.*

Mon ami!

MOLIÈRE, *se remettant.*

Pardonnez, je songe!.. Embrassons-nous,
(A Mme. Corneille.)
Pierre. Combien je porte envie à votre époux,
Madame: il est aimé!

Mme. CORNEILLE.

Toujours votre injustice?
Réformez, croyez-moi, ce dangereux caprice;
Votre femme vous aime, et ce n'est pas à vous,
Peintre d'un sot travers, qu'il sied d'être jaloux.

MOLIÈRE.

Oh !... vous avez raison, je suis d'un ridicule !..

THOMAS.

Allons, ferme, Molière, et reprends ta férule !
Sache te vaincre, toi, pour nous mieux corriger.

MOLIÈRE.

Le conseil est d'un sage, est fait pour m'obliger.
On se rit d'un pédant dont la folie extrême
Est de tout réformer, oublieux de soi-même.

CORNEILLE.

Bravo, bravo, Molière, ami rare et charmant !
(*L'examinant de la tête aux pieds.*)
Mais vous voilà superbe !

THOMAS, *de même.*

Habit de cour, vraiment.

MOLIÈRE.

Au grand lever du Roi je me rends.

CORNEILLE.

Partez vite.

MOLIÈRE.

Avant tout, j'ai voulu vous faire ma visite;
Je ne manque jamais à la Saint-Pierre, moi.

CORNEILLE.

(*A part.*) (*Haut, à Molière.*)
Amusons-nous un peu ! Vous allez chez le Roi :
Mais *Psyché?*

MOLIÈRE.

Mais.... *Psyché?*... Vous n'avez pu l'écrire.
Cinq actes en huit jours !... Le Roi doit s'en dédire;

C'est la chose impossible. Il peut, en moins de temps,
Lui, rendre aux bords du Rhin cent mille combattans,
Vaincre une armée entière et soumettre des villes;
Mais nous ne sommes pas si promptement habiles.
Il faut quelque relâche aux enfans d'Apollon.

THOMAS.

Despréaux même au Roi l'a dit.

MOLIÈRE.

Il eut raison.

CORNEILLE.

Vous promettez *Psyché* depuis six mois, je pense,
Et c'est, pour un monarque, assez de patience.

MOLIÈRE.

Depuis six mois?... D'accord. Que je suis malheureux!
Le Roi se fâchera.

CORNEILLE.

C'est qu'il a dit : « Je veux! »
Mon ami, je vous plains.

MOLIÈRE, *à Thomas.*

Ton frère me désole.

CORNEILLE, *remettant à Molière le manuscrit de* Psyché.

J'ai promis à Molière, et je lui tiens parole.

MOLIÈRE.

Que vois-je? il se pourrait!...

Mme. CORNEILLE, *à son mari.*

Ah! vous êtes railleur!..
Ce noble procédé vous fait bien de l'honneur.

Mlle. CORNEILLE, *à sa mère.*

J'aime à le voir content, ce bon monsieur Molière.

CORNEILLE, *à Thomas.*

Tu veux bien m'excuser, Thomas, de ce mystère?

THOMAS.

Passe pour cette fois!... Ne sois plus si discret.

MOLIÈRE, *qui n'a cessé de feuilleter le manuscrit.*

(*A Corneille.*)

Vous êtes un ami... sublime. Un pareil trait!...
Ma *Psyché!...* C'est la vôtre, au moins. N'allez pas croire
Que je veuille un moment vous en ravir la gloire.
Vous m'avez obligé, le Prince le saura;
D'ailleurs, en vous lisant il vous reconnaîtra;
Et là, de son génie, en s'immolant aux Grâces,
Le grand Corneille encore aura laissé des traces.

CORNEILLE.

Le Roi vous en dira son avis. Entre nous,
Si l'ouvrage le touche, il est digne de vous;
Ne me nommez donc pas. S'il déplaît, au contraire,
J'en veux être l'auteur; nommez-moi seul, Molière.

MOLIÈRE.

Quel homme!

CORNEILLE.

Ai-je assez fait pour la postérité?

MOLIÈRE, *souriant.*

Je le crois.

CORNEILLE.

Voyez donc ma générosité!
Que me fera de plus ou de moins cet ouvrage?
S'il tombe, on concevra cette chute, à mon âge;
Au vôtre, quel malheur!... *Psyché* doit réussir,
De succès en succès Molière doit courir.

MOLIÈRE.

Mais encor...

CORNEILLE.

Parlez-nous de vos *Femmes savantes.*
De l'hôtel Rambouillet que disent les pédantes?

MOLIÈRE.

Vous l'ignorez?... Bon Dieu! mais c'est une fureur!...
On dit que, du beau sexe alarmant la pudeur,
J'attaque ses vertus que j'érige en problême;
Que je veux, sur la scène, établir pour système
Qu'il n'est de femme honnête, en tous temps et partout,
Que celle qui végette ignorante, sans goût,
Sans esprit!... En un mot, que la moindre culture
Dans un sexe adoré fait tort à la nature.

THOMAS.

Peut-être on a cru voir...

MOLIÈRE, *avec feu.*

Je ne dis pas cela.
(*A Mme. et Mlle. Corneille.*) (*Tirant un papier de sa poche.*)
Soyez juges ici, Mesdames. M'y voilà!

(*Il lit posément ces vers de la comédie des* Femmes savantes.)

« Il n'est pas bien honnête, et pour beaucoup de causes,
» Qu'une femme étudie et sache tant de choses :
» Former aux bonnes mœurs l'esprit de ses enfans,
» Faire aller son ménage, avoir l'œil sur ses gens,
» Et régler sa dépense avec économie,
» Doit être son étude et sa philosophie. »

(Acte II, scène VII.)

CORNEILLE, *à Thomas.*

Bien raisonné!

Mme. CORNEILLE.

Très sage, et je ne conçois pas....

Mlle. CORNEILLE.

Que voudrions-nous plus ?...

Mme. CORNEILLE

Briller ?... en pareil cas,
C'est un tort dangereux.... et vous l'avez dû peindre.

MOLIÈRE.

Le ridicule est grand!... Je n'ai pu me contraindre.
De nos femmes-docteurs, affichant prose et vers,
J'ai dit la sotte emphase et les pédans travers.
Oh! j'anéantirai leur gloire illégitime!
D'un plaisir innocent je ne fais pas un crime,
Des grâces de l'esprit se pare la beauté;
L'abus seul est au comble, et j'en suis révolté.
Mesdames, pardonnez! Je m'explique peut-être
Un peu trop vivement.

Mlle. CORNEILLE.

Non, vous faites paraître,
Monsieur, des sentimens qui doivent nous charmer;
Nous guérir d'un travers, c'est beaucoup nous aimer.

MOLIÈRE, *à Corneille.*

Votre enfant, mon ami, n'est pas une savante,
Elle est mieux que cela : votre fille est charmante.

CORNEILLE.

Vous la faites rougir.

MOLIÈRE.

(*A mi-voix.*)
J'en suis fort aise. Un mot!

CORNEILLE, *de même.*

Qu'est-ce?

MOLIÈRE.

Il s'en va midi, partirons-nous bientôt?

CORNEILLE, *haut.*

Partirons-nous! Qui, nous?

MOLIÈRE.

Nous deux, que vous en semble?
Au grand lever du Roi nous paraîtrons ensemble.

THOMAS.

Qui? mon frère!

MOLIÈRE.

Sans doute, et ne l'ai-je pas dit?
(*A Corneille.*)
Je dois vous amener, le Roi me l'a prescrit.

CORNEILLE.

Le Roi vous l'a prescrit?... Vous plaisantez, Molière.

MOLIÈRE.

Quoi! j'aurais oublié?... La semaine dernière,
J'étais, pour mon service, à son appartement,
Sa Majesté me voit et m'arrête un moment.
Corneille, elle vous porte un intérêt bien tendre!
En me quittant, vous dis-je, elle me fit entendre
Qu'elle voulait nous voir, aujourd'hui, vous et moi.

THOMAS.

Mon frère, il faut partir.

CORNEILLE.

Me présenter au Roi!
A quoi bon? Qu'ai-je affaire à la cour à mon âge?
Je jouerais là, Thomas, un triste personnage.

Je suis peu courtisan, tu le sais; au surplus,
La cour est un pays que je ne connais plus :
M'y connaît-on moi-même ?

MOLIÈRE.

Oh ! vous êtes modeste.

THOMAS.

Beaucoup trop, dont j'enrage !

MOLIÈRE.

Eh bien ! moi, je proteste.
Appréciez-vous donc ! Vous n'imaginez pas
Tout ce qu'a de plaisant votre noble embarras.
Pradon et Trissotin nous prônent mainte veille,
Lorsqu'à peine est connu de soi le grand Corneille !...
Le premier au Parnasse, un homme tel que vous,
De son rang assuré doit s'en montrer jaloux.
Tant d'éclat, dont il brille aux regards de la terre,
Attache à votre nom, qu'un monarque révère,
L'amour de tout un peuple et ce respect sacré,
Tel qu'il fut autrefois par Sophocle inspiré.
Ou soyez moins modeste, ou soyez moins timide;
Un roi parle, il suffit, que sa voix vous décide !
Ce roi, dont l'amitié vous réclame aujourd'hui,
Honore le mérite, en est le ferme appui.
N'hésitez plus !

CORNEILLE, *avec un peu d'humeur.*

Encor faut-il que je m'habille.
(*Il entre chez lui par la porte de droite.*)

SCÈNE IV.

LES PRÉCÉDENS, HORS CORNEILLE.

THOMAS, *regardant sortir son frère.*

Il se décide, enfin!

MOLIÈRE.

Excellente famille,
Pour lui, pour vous, s'apprête un destin plus heureux.
« De l'auteur de *Cinna* je comblerai les vœux, »
M'a dit un roi puissant. Louis, j'ose le croire,
De Corneille oublié chérit la vieille gloire,
Et ne l'immole pas à son jeune rival.
Malgré *Britannicus*,* Corneille est sans égal.
(*A Thomas.*)
Sollicité de toi, de mon cœur tout ensemble,
J'entends que l'amitié d'un saint nœud les rassemble.
Je te l'avais promis, j'ai revu Despréaux :
Lui, La Fontaine et moi rapprochons ces rivaux;
Enfin, Racine est prêt à venir, ce jour même,
Chez notre maître à tous.

THOMAS.

Ma joie en est extrême.

MOLIÈRE.

Nous les rendrons amis pour ne rompre jamais.

Mlle. CORNEILLE.

Ce sera votre ouvrage.

---

* Racine venait de faire représenter, avec un grand succès, cette tragédie admirable.

Mme. CORNEILLE.

On va signer la paix,
Mais qui donc a troublé leur bonne intelligence?

MOLIÈRE.

Ils s'aiment, dans le fond, beaucoup plus qu'on ne pense.
Sans les propos confus de je ne sais quel tas
De brouillons affamés d'intrigues, de débats,
Sans les sottes clameurs de ceux dont le faux zèle
Mit leurs noms en balance et leur gloire en querelle,
Le spectacle fâcheux de leur rivalité
N'eût pas charmé les yeux de la malignité.
Racine est jeune, est vif, il faut que je le dise;
(A Thomas.)
Ton frère aura montré, vois-tu, trop de franchise....
C'est un malentendu que leur division,
Et tout s'arrangera, je m'en fais caution.
(Impatient de lire Psyché, *il va s'asseoir au bureau de Corneille.)*
Vous permettez?...

Mme. CORNEILLE.

Lisez!

THOMAS, *entraînant Mme. et Mlle. Corneille de l'autre côté du théâtre.*

Ma sœur, et toi, ma chère,
Silence, au moins, silence! En ce jour, à mon frère
Gardons cette surprise; il en sera flatté!...
Tantôt, à son retour, j'aurai tout apprêté.

Mme. CORNEILLE, *à Thomas.*

Vous m'apprenez bien tard cette heureuse nouvelle.

THOMAS.

Je n'osais y compter! Mais j'attends Fontenelle,

Valère doit le suivre.

Mlle. CORNEILLE, *saisie.*

Ah !

Mme. CORNEILLE.

J'en puis convenir,
Ce jeune homme est bien né.

THOMAS.

Pourquoi n'en pas finir ?
(*Regardant sa nièce.*
Il aime, il est aimé, la chose est éclaircie ;
Consentez-y, ma sœur, demain je les marie.

Mlle. CORNEILLE, *de même.*

Demain !

Mme. CORNEILLE.

Et votre frère ?

THOMAS.

Il s'en rapporte à nous.

Mme. CORNEILLE.

Et moi, mon cher beau-frère, entièrement à vous.

THOMAS, *à sa nièce.*

Toi de même ?... A nos vœux ce jour sera propice !

MOLIÈRE, *au bureau de Corneille, s'interrompant dans sa lecture ; à part.*

L'habile invention ! l'agréable artifice !
L'amour même a dicté ces vers ingénieux,
Et Corneille à trente ans ne l'exprimait pas mieux.

THOMAS, *à Mme. et Mlle. Corneille.*

Craignons de le troubler ! *Psyché* lui plaît, l'entraîne.

MOLIÈRE, *de même.*

Croira-t-on qu'à soixante il a fait cette scène?
J'aurais échoué, moi!

THOMAS, *à ces dames.*

Mon neveu tarde bien!
Je crois l'entendre.

Mme. CORNEILLE, *à sa fille.*

Nous, pendant leur entretien,
Préparons mon époux à recevoir Valère.

(*Elles sortent du même côté que Corneille. Fontenelle et Valère entrent par la porte principale et les saluent de loin.*)

SCÈNE V.

THOMAS, FONTENELLE, VALÈRE, MOLIÈRE *à l'écart.*

THOMAS, *allant au-devant de Fontenelle et de Valère.*

Ah! vous voilà, Messieurs.

FONTENELLE.

Un peu tard!
(*Bas à Valère, désignant Mme. Corneille.*)
C'est sa mère!

(*A Thomas.*)
Mon cher oncle, à l'instant nous sortons du palais.
Il plaide comme un ange, et si je vous disais....

THOMAS.

Quelque folie?

FONTENELLE.

Oh! non, la cause est mémorable.
Il s'agit d'un mouton.... volé dans une étable.
Écoutez!

VALÈRE.

Non.

FONTENELLE.

Ingrat! je chante tes exploits.

VALÈRE, *lui désignant Molière assis à l'écart.*

Est-ce ton oncle Pierre ici que j'aperçois?

FONTENELLE, *avec une maligne intention.*

Mon oncle!... assurément.

THOMAS, *à Fontenelle.*

Il a fort bonne grâce,
Ton ami.

FONTENELLE.

Je le crois, mais un rien l'embarrasse.
Il est timide. (*Poussant rudement Valère.*) Allons!

VALÈRE, *à Thomas.*

Aurons-nous le bonheur
De voir Mademoiselle?

THOMAS.

Elle viendra, Monsieur.
Vous l'aimez?

FONTENELLE, *empêchant Valère de parler.*

Ah! s'il l'aime?... Il meurt pour ma cousine.
C'est une passion... qu'il faut qu'elle devine;
Il n'a pas dit encore un mot de son amour.

VALÈRE.

Mais....

FONTENELLE.

J'ai parlé pour lui.

VALÈRE, *vivement à Thomas.*

J'espère avoir mon tour.
Je brûle de la voir, je brûle de l'entendre,
Et, par le simple aveu de l'amour le plus tendre,
De lire dans ses yeux s'il m'est toujours permis
D'aspirer au bonheur que vous m'avez promis.

THOMAS.

Vous avez, mon ami, l'agrément de la mère;
Puis, à vous bien traiter j'ai disposé mon frère.

VALÈRE.

Que l'honneur qu'il me fait a droit de me flatter !
Plus il me parut grand, moins j'osais y compter.

(*Avec feu, se tournant du côté de Molière qu'il prend pour Corneille.*)

Je ne puis trop chérir son auguste alliance.

MOLIÈRE, *toujours préoccupé de* Psyché.

Partout le même esprit et la même élégance !

(*Ici Valère, tout entier à son erreur, exprime une profonde et vive admiration.*)

FONTENELLE, *à Thomas qui a remarqué le mouvement de Valère.*

Ne vous y trompez pas, enthousiaste ardent
D'un art qu'il cultivait fort jeune avec talent,
Il préféra long-temps, de la scène idolâtre,
Aux fleurons de Thémis les palmes du théâtre.

THOMAS.

Fontenelle, il eut tort! pour un qui réussit,
Mille se sont perdus.

FONTENELLE.

Mais il a de l'esprit,
Et je ne pense pas que son goût se réveille
Alors qu'il se verra le gendre de Corneille.

VALÈRE, *à part.*

Je voudrais l'aborder!... Jamais il ne m'a vu.

MOLIÈRE, *se levant et frappant avec enthousiasme sur le manuscrit qu'il lisait.*

Ici l'auteur du *Cid* doit être reconnu!

VALÈRE *s'inclinant, haut à Molière.*

Oui, l'ouvrage échappé de sa fertile veine
A des signes certains se reconnaît sans peine;
Où passe le génie, en son brillant essor
La trace de ses pas reste et le montre encor!

(Thomas et Fontenelle se regardent avec étonnement.)

MOLIÈRE, *à Valère.*

Vous êtes bien ému.

VALÈRE.

Votre illustre présence,
L'éclat d'un nom fameux dont s'honore la France,
Commandent mon respect, mon admiration.

MOLIÈRE.

Et vous faites pour moi cette réflexion?

VALÈRE.

Eh! qui ne l'a pas faite en lisant vos ouvrages!
Nos pleurs vous ont acquis d'infaillibles suffrages.

MOLIÈRE.

J'ai fait couler des pleurs?

VALÈRE.

Les pleurs du sentiment.

MOLIÈRE.

Moi!

VALÈRE.

La pitié conduit à l'attendrissement
Lorsque de vos héros les disgrâces tragiques...

MOLIÈRE.

Mes héros, cher Monsieur, moins que vous sont comiques.
(*A Thomas et à Fontenelle.*)
Il se moque de moi.

THOMAS.

Sans doute qu'il vous prend...

FONTENELLE, *riant aux éclats.*

Pour mon oncle l'aîné.

MOLIÈRE, *avec modestie à Valère.*

Diantre!.. c'est différent.

FONTENELLE, *à Valère stupéfait.*

Tu vois Molière.

VALÈRE.

O ciel!

MOLIÈRE.

C'est ainsi qu'on me nomme.

VALÈRE.

Je m'abusais!.. Mais non, c'est un autre grand homme.

SCÈNE VI.

LES PRÉCÉDENS, CORNEILLE, *en habit de cour,* Mme. ET Mlle. CORNEILLE.

FONTENELLE, *à Valère.*

Mon oncle Pierre!

CORNEILLE, *à Fontenelle.*

Ah! ah!

FONTENELLE.

Nous vous attendions tous.

(*Lui présentant Valère.*)

Vous voyez...

CORNEILLE, *examinant tour-à-tour sa fille et Valère, qui se regardent à la dérobée.*

(*A Valère.*)

Je devine!.. Eh! pas mal. C'est donc vous?

Excusez-moi, Monsieur, je sors avec Molière.

Restez!... nous causerons. Vous me plaisez, Valère.

MOLIÈRE, *à Valère.*

Vous lui voliez son nom pour m'en glorifier,

Monsieur; mais je n'ai pas de fille à marier.

(*A Corneille avec gaité.*)

Je veux, chemin faisant, vous conter l'aventure.

(*Ils sortent par le fond, en se donnant le bras; Thomas les suit.*)

Mlle. CORNEILLE, *bas à Fontenelle.*

Vous restez?

FONTENELLE.

Oui.

Mme. CORNEILLE, *à sa fille qui la suivait.*

Demeure!

(Elle suit son beau-frère et son mari.)

SCÈNE VII.

Mlle. CORNEILLE, FONTENELLE, VALÈRE.

FONTENELLE, *bas à Valère.*

Entretiens ta future!

(Il court s'asseoir au bureau de Corneille, y fait mine de lire, les contemple et les écoute malicieusement.)

Mlle. CORNEILLE, *à part.*

Je suis toute tremblante.

VALÈRE, *de même, s'enhardissant.*

Il faudrait approcher.

Mlle. CORNEILLE.

Mon cousin qui nous laisse!

FONTENELLE, *à part.*

Ira-t-il la chercher?

VALÈRE, *allant à Mlle. Corneille.*

Rassurez-vous, de grâce.

FONTENELLE, *de même.*

Enfin il est près d'elle!

Mlle. CORNEILLE, *à part.*

Comme il est agité!

VALÈRE, *timidement.*

Pardon, Mademoiselle ;
Je n'osais... espérer... un si doux entretien.

FONTENELLE, *qui n'a pu long-temps tenir en place, venant se placer au milieu d'eux.*

Ne savoir exprimer ce que tu sens si bien;
Pauvre amoureux! Cousine...

VALÈRE, *repoussant Fontenelle.*

Ah! laisse-moi lui dire...

FONTENELLE.

Que ton cœur nuit et jour, à tous momens soupire,
Que tu n'adores qu'elle!... Elle sait tout cela.
On te répond : Mon cœur vous estime déjà,
Il penche assez vers vous!... méritez de lui plaire,
Et mon aveu suivra les ordres de mon père.

Mlle. CORNEILLE, *se trahissant.*

Mon père! il consent donc?...

VALÈRE, *tombant aux genoux de Mlle. Corneille.*

Vous consentez aussi.

FONTENELLE.

Ma foi, vive l'amour... l'amour en raccourci!

SCÈNE VIII.

LES PRÉCÉDENS, THOMAS.

THOMAS, *surprenant Valère aux genoux de Mlle. Corneille.*

Hé! mais, tu le disais timide, Fontenelle?

Je ne vois pourtant pas...

FONTENELLE.

Oh! c'est grâce à mon zèle.

THOMAS.

Ton zèle !... On est d'accord, à ce qu'il paraît?

FONTENELLE.

Oui.

THOMAS.

A demain donc la noce!

FONTENELLE, *sautant de joie comme un enfant.*

Ah! je m'en réjoui.

THOMAS.

Rendez-vous chez ma sœur, et, quand viendra mon frère,
Trouvez-vous en ces lieux pour lui parler, Valère.

FONTENELLE.

Bien dit. (*Ils rentrent, à l'exception de Thomas.*)

SCÈNE IX.

THOMAS *seul.*

Heureux enfans! tout s'arrange en ce jour,
L'amitié, ce doux charme, aussi bien que l'amour.
Despréaux, La Fontaine, et notre ami Molière,
M'auront bien secondé pour la fête de Pierre :
Quel bouquet! Sur leurs pas Racine arrivera,
Et Corneille avec lui se réconcilîra.
Paix aux fils d'Apollon! et que la sombre envie
Dans son bourbier natal replonge ensevelie!...
(*Pause.*)

Pierre ne revient pas !... Le Roi lui fait honneur :
S'il osait à profit mettre cette faveur,
Paraissant à la cour, y demander justice ?...
Non, je le vois timide, embarrassé, novice,
A ses discours à peine y faire soupçonner
Qu'il est le grand Corneille !... Il faut le deviner.
Je l'entends, il approche.

(*Il entre dans son cabinet.*

SCÈNE X.

CORNEILLE, THOMAS, *de temps à autre se montrant à la porte de son cabinet.*

CORNEILLE, *dans l'exaltation du poète.*

Oh ! trève de jactance,
La cour vaut l'Hélicon. Quelle magnificence !
Ces lambris fastueux, tout palpitans d'un art
Qu'honorent les Poussin, les Lebrun, les Mignard ;
Ces murs empreints du siècle, archives de Bellone,
Là, ces guerriers, la force et la gloire du trône,
Ces mille ambassadeurs des rois et des Césars
Sur la splendeur des lis abaissant leurs regards,
Louis, du feu des siens, animant tant de belles :
Quel spectacle ! est-ce un dieu ? sont-ce bien des mortelles ?
Doctes illusions dont mon cœur est épris,
Cédez-le au vif éclat de l'immortel Louis !
Quand du haut de son trône il daigne me sourire,
Je crois voir Apollon, je ressaisis ma lyre,
Mon génie éperdu se sent brûler au sien !...
Grand Roi, c'est que, poète et zélé citoyen,
J'honore en toi mon prince, ensemble, et ma patrie !
C'est à toi seul aussi que ma muse attendrie

Veut consacrer des vers dignes, si je m'en crois,
De l'adorable France et du meilleur des rois.

THOMAS.

De son enthousiasme il ne paraît plus maître,
Retirons-nous !... pourtant si je pouvais connaître....

CORNEILLE, *écrivant à son bureau, en face du portrait de Louis XIV.*

« Remercîment au Roi sur *Cinna, Pompée, Horace, Polyeucte,*
» *Rodogune,* dont il vient d'ordonner les représentations extraordi-
» naires sur le grand théâtre de la cour, à Versailles. »

THOMAS.

Et c'est ainsi qu'un roi, sur le Pinde adoré,
Des talens qu'il honore est lui-même honoré.
(*Il rentre dans son cabinet.*)

SCÈNE XI.

CORNEILLE *seul, puis* VALÈRE.

CORNEILLE.

Oui, ce jour est propice à ma reconnaissance;
Elle peut éclater sans faiblesse, et je pense
Que c'est peu de mes vers pour ce puissant bienfait.
Je me sens inspiré !

VALÈRE, *arrivant par le fond du théâtre.*

Je le vois en effet.
Entrons ! (*Saluant de loin Corneille qui ne le voit pas.*)
Monsieur....

CORNEILLE, *écrivant.*

Ce vers me paraît admirable.

VALÈRE, *à part.*

Il compose!

CORNEILLE.

Lisons!... Ce vers est détestable.
Effaçons.

VALÈRE, *à part.*

Que dit-il?

CORNEILLE, *écrivant toujours.*

Ce début est heureux,
Ces vers ont de l'éclat. (*Pause.*) Non, cela n'est pas mieux.
Recommençons encor!

VALÈRE, *à part.*

La leçon est utile.
Je connais maintenant que l'art est difficile.

CORNEILLE, *apercevant Valère.*

C'est vous, mon jeune ami? (*Distrait.*) La rime, je la tien,
Mais le sens est obscur... tout cela ne vaut rien.

VALÈRE, *à part.*

Nous allons plus grand train, nous autres, ce me semble;
Le sens est clair assez quand la rime s'assemble.

CORNEILLE, *avec humeur, à Valère qu'il ne reconnaît plus.*

Votre nom, quel est-il? que me demandez-vous?

VALÈRE, *à part.*

J'ai bien choisi mon temps!

CORNEILLE, *écrivant.*

« Roi, le plus grand de tous,
(*Reconnaissant Valère.*)
« Permettez... non, permets!» C'est vous, monsieur Valère?
Approchez, approchez!... Ma fille a su vous plaire,
(*Surpris par une idée.*)
Vous l'aimez?... Bon! j'y suis; le tour est éloquent.

(*A Valère, qui s'est approché.*)

Je ne puis vous entendre : un travail important...
Voyez ma femme, allez! des choses du ménage
Je ne me mêle pas.

VALÈRE, *à part.*

Restons.

CORNEILLE, *avec humeur.*

Un mariage!

(*Composant avec feu.*)

« Est-il vrai, grand monarque, et puis-je me flatter
» Que tu prennes plaisir à me ressusciter?
» Qu'au bout de quarante ans, *Cinna, Pompée, Horace*,
» Reviennent à la mode et retrouvent leur place;
» Et que l'heureux brillant de mes jeunes rivaux
» N'ôte point leur vieux lustre à mes premiers travaux?
» O Louis! ô mon Roi! de cet honneur insigne
» Par de nouveaux succès je veux me rendre digne...

(*Pause marquée.*)

» La fausse humilité ne met plus en crédit,
» Je sais ce que je vaux, et crois ce qu'on m'en dit;
» Mes succès ne sont point achetés par l'intrigue,
» Et les voix que j'obtiens, je les obtiens sans brigue.
» Je satisfais ensemble et le peuple et les grands;
» Mes vers, lus en tous lieux, sont mes seuls partisans;
» Par leur seule beauté ma plume est estimée,
» Je ne dois qu'à moi seul toute ma renommée. »

(CORNEILLE, *Épître au Roi*, Excuse à Ariste.)

VALÈRE, *inscrivant ces vers sur des tablettes.*

Conservons ces trésors! Il le faut avouer,
C'est là savoir se peindre et non pas se louer.
Homme simple à-la-fois et poète sublime,
Admiré pour son art, pour son cœur on l'estime!

CORNEILLE. (*Il se lève, et prononce avec force, en se promenant sur le théâtre, ces vers qu'il compose devant l'image de Louis XIV.*)

« Ma muse peut encor s'élever jusqu'à toi :
» Comme elle s'applaudit d'espérer en mon Roi !
» Le plus pénible effort n'a rien qui la rebute;
» Commande, elle entreprend; ordonne, elle exécute ! »

(CORNEILLE, *Épître au Roi.*)

(*Ici, dans sa marche, il heurte Valère qui n'a pu l'éviter.*)

Je vous croyais parti depuis long-temps ?

VALÈRE.

Monsieur,
Vous me voyez confus....

CORNEILLE, *avec bonté.*

Non, je n'ai plus d'humeur.

VALÈRE.

Je crains...

CORNEILLE.

Je n'écris plus. Parlons de votre père :
Vous recherchez ma fille, il le permet, Valère ?

VALÈRE, *remettant à Corneille une lettre.*

Veuillez lire...

CORNEILLE.

De lui ? (*Ayant lu.*) Vous êtes avocat,
Mais dites-moi, Valère, aimez-vous votre état ?

VALÈRE.

Je l'aime d'autant plus que je le crois utile ;
Il est de l'opprimé l'inviolable asile.

CORNEILLE.

Voilà sentir l'honneur de votre auguste emploi !

Continuez, jeune homme, et surtout, croyez-moi,
Il n'est pour y marquer que la persévérance.
Moi qui vous parle ici, j'ai manqué de prudence :
Comme vous, autrefois, je suivais le barreau,
Quand soudain, emporté vers un état nouveau,
Las, plutôt, d'ennuyer un traître d'auditoire,
Je courus sur le Pinde ennoblir ma mémoire.
J'ai réussi, je pense, et je puis convenir
Que rien du changement ne m'a fait repentir,
Mais aussi que serais-je, à quel honneur prétendre
Si je n'avais écrit que *Mélite* et *Clitandre*? *
Si je n'avais enfin, par d'éclatans succès,
Du grand art de Sophocle enrichi les Français?
Inutile à l'État, inutile à moi-même,
On me verrait, Valère, en ma douleur extrême,
Regretter les douceurs de mon premier destin,
La France aurait de plus un méchant écrivain;
De mes travaux obscurs, flétris à leur naissance,
La faim et le mépris seraient la récompense!...
Vous ne me dites rien?

VALÈRE.

Je ne m'en défends pas,
J'aspirai, jeune encore, à marcher sur vos pas,
J'avais ce fol orgueil, on a dû vous le dire;
Mais plus on vous médite et moins on ose écrire.

CORNEILLE.

Vous me charmez, Valère, et ma fille est à vous.

---

* Premières pièces de l'extrême jeunesse de Corneille.

SCÈNE XII.

LES PRÉCÉDENS, THOMAS, *sortant de son cabinet.*

THOMAS, *à part.*

Nos amis vont venir ! (*A Valère.*) Valère, laissez-nous.

CORNEILLE.

Mon gendre, embrassez-moi. (*Il embrasse Valère.*)

VALÈRE, *regardant dans la coulisse de droite.*

Je vois Mademoiselle,
Et je vais lui porter cette heureuse nouvelle. (*Il sort.*)

SCÈNE XIII.

CORNEILLE, THOMAS, *d'abord seuls, puis* BOILEAU *et* RACINE, *d'un côté;* MOLIÈRE *et* LA FONTAINE *de l'autre.*

THOMAS.

Mon frère, je sais tout, et, de mon cabinet,
J'ai vu ta gratitude égaler le bienfait.
De ton *Épître au Roi*, va, je te félicite!
Mais quand Louis t'honore et rend à ton mérite
Aux yeux de ton rival un hommage éclatant,
Triomphe de toi-même en cet heureux instant,
Et de Britannicus proclamant la merveille,
Tends la main à Racine, et sois le grand Corneille.

CORNEILLE.

Moi, je ne le hais point ! est-ce à toi de penser
Que par de vains discours j'ai voulu l'offenser ?

J'admire ses écrits, j'estime sa personne,
Mais je veux contre lui défendre ma couronne;
Quarante ans de succès l'ont acquise à mon front!

THOMAS.

De Racine et de toi sais-tu ce qu'ils diront
Ceux qui, de l'art d'Eschyle éternisant la gloire,
Des travaux de tous deux garderont la mémoire ?
Du théâtre français l'un est le fondateur,
De l'art qu'il ressuscite il atteint la hauteur;
Comme un aigle superbe, au séjour du tonnerre
Il plane, et ses accents, répétés sur la terre,
Empreints de majesté, de sublimes terreurs,
Subjuguent tour-à-tour, enflamment tous les cœurs!
Arrivé sur les pas du maître qui le guide,
L'autre, élancé plus tard, le suit d'un vol rapide,
Dont la grâce naïve a tempéré l'essor.
Moins varié, plus doux, moins fier, plus tendre encor,
L'art d'émouvoir les cœurs est son heureux génie.
De son vers épuré la constante harmonie
Soumet la vertu même au joug des passions,
Et donne de l'amour de brûlantes leçons.
Chez lui, de sa raison l'homme n'est plus le maître,
Il le peint ce qu'il est, et toi ce qu'il doit être,
Dans sa faiblesse même admirable, ennobli;
Lui, veut qu'il se déteste, et le montre avili.
Tu plais sans agrémens, il plaît par sa parure;
Chez lui c'est l'art qui brille, et chez toi la nature.

(*Au commencement de ce discours on a vu Boileau et Racine, Molière et La Fontaine s'approcher doucement des deux Corneille, et les écouter avec intérêt.*)

CORNEILLE.

Mon frère, brisons là! rivaux de bonne foi,

Nous nous apprécions monsieur Racine et moi.
Tout mon tort, le voici!.. La chose est singulière,
On le brouilla de même avec ce bon Molière.

(Ici Racine et Molière se donnent la main en signe d'amitié.)

On prétend que, jaloux de ses premiers succès,
J'ai voulu l'écarter du Théâtre-Français....
La pensée est affreuse, elle est bien ridicule;
Et Racine à ce point aurait été crédule!

MOLIÈRE, *bas à Racine.*

En effet.

CORNEILLE, *à Thomas.*

Quels propos l'ingrat m'ose imputer!
Je rougirais de honte à te les raconter.

BOILEAU, *bas à Racine.*

Vous l'entendez, Racine. En croirez-vous encore
Un bruit?...

RACINE.

On m'abusait.

CORNEILLE, *prenant sur son bureau une pièce de théâtre et la présentant à Thomas.*

Tiens! vois si je l'honore.
Lis!

THOMAS, *à part.*

(A Corneille.)

S'il nous écoutait! Eh! mais : « *Britannicus!* »
Ces notes de ta main?.. (*Lisant.*) « Il plaît de plus en plus. »

CORNEILLE, *lui désignant une autre note.*

Ici!

THOMAS, *lisant encore.*

« Beau, pathétique, harmonieux, sublime. »

RACINE, *s'inclinant devant Corneille.*

Grand maître ! oubliez tout, resserrons notre estime.

CORNEILLE, *ému, l'embrassant.*

Vous aviez ma tendresse, et vous l'aurez toujours.
(*Apercevant Boileau, Molière et La Fontaine.*)
Quoi ! mes meilleurs amis....

MOLIÈRE.

Entendaient vos discours.
Nous avions, tous ensemble, arrangé cette affaire.

BOILEAU.

C'est le bouquet de la Saint-Pierre !
Nous ne pouvions mieux la fêter.

MOLIÈRE, *désignant Thomas.*

Il s'en est acquitté de la bonne manière.

BOILEAU, *à Corneille.*

Il était du complot.

CORNEILLE, *tendant sa main à Thomas, qui la baise avec transport.*

Je devais m'en douter.

THOMAS.

A vous asseoir, Messieurs, faut-il vous inviter ?

LA FONTAINE, *s'asseyant le premier.*

Le compère a raison. Point de cérémonie
Entre poètes, n'est-ce pas ?
Ailleurs les petits soins, la gêne, l'embarras,
Observés chez les grands... l'étiquette m'ennuie ;
Et, si j'ose parodier
(*Désignant Corneille.*)
Un vers qu'il ne peut renier :

« Apollon rend égaux tous ceux qu'il associe! » *

CORNEILLE.

Bon La Fontaine !

RACINE.

Disons mieux,
Des enfans ne se gênent guère,
Et peuvent se croire chez eux
Lorsqu'ils sont, comme nous, sous les yeux de leur père.

BOILEAU.

Oui, très bien, notre père à tous.

CORNEILLE.

(*Tout le monde s'est assis.*)
Ce titre m'honore, il m'est doux :
A voir l'éclat dont elle brille,
Je dois être content, Messieurs, de ma famille,
Et j'ai là d'illustres enfans.

LA FONTAINE.

Chacun d'eux a ses penchans,
Son lot de gloire en partage;
Qu'il en fasse un digne usage,
Comme vous, aussi long-temps.

BOILEAU.

Disciples d'un dieu qui se pique
De baffouer discords, politique, procès,
Vivons amis, vivons en paix;
Gardons contre les sots l'arme de la critique,
Et faisons fleurir à jamais

---

* Le crime rend égaux tous ceux qu'il associe.
(*La Mort de Pompée.*)

Les lois de notre république.

CORNEILLE, *à Boileau.*

Votre immortelle poétique
A fixé ces lois sans retour.

RACINE.

Boileau, s'il arrivait un jour
Que le Français volage oubliât ses modèles
Et se perdît, loin d'eux, en des routes nouvelles,
L'art qu'il eût négligé, l'art qu'il eût désappris,
Il le retrouverait entier dans vos écrits.

BOILEAU.

J'en ai tracé la théorie,
Mais vous le pratiquez, et cela vaut bien mieux;
L'exemple est ce qui touche, et nos derniers neveux
(*Montrant Corneille et ses amis.*)
Prendront de vous encor des leçons de génie.

LA FONTAINE, *rêveur.*

J'ai lu dans un auteur savant,
Mais très savant, bien qu'on en glose,
Qu'un peuple croit toujours à la métempsycose:
Messieurs, qu'en pensez-vous?

BOILEAU, *à Racine.*

Le bonhomme est plaisant.

RACINE.

Dans quelqu'autre fable encore
Il va placer Pythagore!

LA FONTAINE, *de même.*

Le système est divertissant.
« Or, ce peuple a dans la tête

» Que notre âme, en nous quittant,
» Entre dans un ciron ou dans telle autre bête
» Qu'il plaît au sort ! * »

BOILEAU, *à La Fontaine.*

Sais-tu bien positivement
Où va l'âme d'un poète ?

RACINE, *à Boileau.*

Pour la sienne, elle passera
Dans maint oiseau rêveur qu'un jour il chantera.

MOLIÈRE, *à Racine et Boileau.*

Oh ! moquez-vous, courage ! en somme,
Dans ce moment il songe et n'a réplique à rien.
Parti des bords du Gange, il est peut-être à Rome,
Méditant une fable, un sublime entretien !....
(*Bas aux deux Corneille.*)
Nos beaux esprits, je vous le promets bien,
Tout en se trémoussant, si fort qu'on les renomme,
N'effaceront pas le bonhomme.

BOILEAU.

Si, pour amuser nos loisirs,
Quelqu'un de vous, Messieurs, nous lisait quelque chose ?

CORNEILLE, *à Racine.*

Vous !

RACINE, *à Corneille.*

Vous !

MOLIÈRE.

Moi !... j'ai de quoi contenter vos désirs.

---

* *La Souris métamorphosée en fille.* Livre IX, fable 7.

BOILEAU.

Du rire Molière dispose.

MOLIÈRE.

On ne rit pas toujours!.. Précisément j'ai là
Un ballet-tragédie ou plutôt opéra.
(*Il tire de sa poche le manuscrit de* Psyché.)

BOILEAU , *d'un ton chagrin.*

Un opéra!

CORNEILLE, *bas à Molière.*

Psyché!... Vous moquez-vous, Molière?

MOLIÈRE, *de même à Corneille*

Eh! mon ami, laissez-moi faire.
(*Haut.*)
Je n'en suis pas l'auteur.

BOILEAU.

Tant mieux.

RACINE, *bas à Boileau.*

Quelque fatras bien ennuyeux!

BOILEAU.

Du Quinault, c'est tout dire.

MOLIÈRE.

(*Aux deux Corneille.*)
Je les veux intriguer. (*Haut.*) Boileau, point de satire.

LA FONTAINE, *à Boileau et Racine.*

Messieurs les médisans,
De peur de vous méprendre,
Ne jugez pas les gens
Sans les entendre.

(*A Molière.*)
Le titre en est?

MOLIÈRE.

Psyché! Vous allez me comprendre.
L'oracle a prononcé l'arrêt de son trépas,
Dans le palais du monstre on a conduit ses pas:
Ce monstre, vous savez, n'est pas bien redoutable,
Et, comme dit la fable,
Ce monstre, c'est l'Amour!.. Il adore Psyché;
Psyché le voit, l'entend, et son cœur est touché.
(*Il lit.*)
« Quoi! vous seriez ce monstre dont l'oracle
» A menacé mes tristes jours,
» Vous qui semblez plutôt un dieu qui par miracle
» Daigne venir lui-même à mon secours!
» A peine je vous vois, que mes frayeurs cessées
» Laissent évanouir l'image du trépas,
» Et que je sens couler dans mes veines glacées
» Un je ne sais quel feu que je ne connais pas.
» J'ai senti de l'estime et de la complaisance,
» De l'amitié, de la reconnaissance;
» De la compassion les chagrins innocens
» M'en ont fait sentir la puissance;
» Mais je n'ai point encor senti ce que je sens.
» Je ne sais ce que c'est, mais je sais qu'il me charme,
» Que je n'en conçois point d'alarme.
» Plus j'ai les yeux sur vous, plus je m'en sens charmer.
» Tout ce que j'ai senti n'agissait point de même;
» Et je dirais que je vous aime,
» Seigneur, si je savais ce que c'est que d'aimer! »
(*Psyché*, acte III, scène III.)

LA FONTAINE.

Ces vers partent du cœur!

RACINE.

Quelle aimable innocence!
C'est joindre au sentiment une rare élégance.

BOILEAU, *à Molière.*

Vous ne nous disiez pas cela!....
Continuez votre opéra.

MOLIÈRE.

Elle aime, elle est aimée, et devrait être heureuse...
Mais, hélas! elle est femme, amante et curieuse!
Des nœuds si chers, des nœuds si doux,
Si l'Amour parle, sont dissous;
Il faut que de son nom le dieu fasse mystère.
Psyché le veut savoir, pleure, se désespère...
Il est cruel aussi, vraiment,
De ne connaître pas le nom de son amant!
A regret forcé de lui plaire,
Voici comme l'Amour répond à sa prière.
(*Il lit de nouveau.*)
« Hé bien!... je suis le dieu, le plus puissant des dieux,
» Absolu sur la terre, absolu dans les cieux;
» Dans les eaux, dans les airs, mon pouvoir est suprême:
» En un mot, je suis l'Amour même
» Qui de mes propres traits m'étais blessé pour vous;
» Et sans la violence, hélas! que vous me faites
» Et qui vient de changer mon amour en courroux,
» Vous m'alliez avoir pour époux.
» Vos volontés sont satisfaites,
» Vous avez su qui vous aimiez,
» Vous connaissez l'amant que vous charmiez,
» Psyché, voyez où vous en êtes!
» Vous me forcez vous-même à vous quitter,
» Vous me forcez moi-même à vous ôter

» Tout l'effet de votre victoire.
» Peut-être vos beaux yeux ne me reverront plus ;
» Ce palais, ces jardins, avec moi disparus,
» Vont faire évanouir votre naissante gloire.
» Vous n'avez pas voulu m'en croire ;
» Et pour tout fruit de ce doute éclairci,
» Le Destin, sous qui le ciel tremble,
» Plus fort que mon amour, que tous les dieux ensemble,
» Vous va montrer sa haine et me chasse d'ici ! »

(*Psyché*, acte IV, scène III.)

BOILEAU.

Voilà du style, Dieu merci !

RACINE.

Celui des passions !

BOILEAU.

De l'intérêt aussi !

LA FONTAINE.

Triste effet d'une étourderie !
O curiosité !.... j'en ai l'âme saisie.
Psyché, que je la plains ! quel sera son tourment !
Voilà les femmes, cependant.

BOILEAU, *à Molière.*

Poquelin, sans plus de mystère,
Quel est?...

RACINE.

Quel est le nom, Molière,
De cet auteur charmant, gracieux, ingénu ?...

BOILEAU, *bas à Racine.*

Vous n'écrivez pas mieux.

RACINE.

Je reste confondu.

BOILEAU, *à Molière.*

Nommez donc cet auteur.

RACINE, *de même.*

Oui.

LA FONTAINE, *à part, surprenant un geste d'intelligence entre Molière et Corneille.*

Serait-ce?... peut-être.

MOLIÈRE, *regardant Corneille.*

Il est facile à reconnaître.

CORNEILLE, *bas à Molière.*

Comme il est convenu, nommez-vous seul.

MOLIÈRE, *bas à Thomas.*

Non pas!

(*Aux deux frères.*)

Jouissons de leur embarras.

RACINE, *cherchant.*

Facile?

BOILEAU, *de même.*

Je m'y perds.

LA FONTAINE, *à Corneille.*

Mais c'est à s'y méprendre,

Votre style..... ou le mien! (*On rit.*)

BOILEAU.

Cher Molière, allons donc!

Êtes-vous cet auteur?

RACINE.

C'est trop nous faire attendre.

MOLIÈRE.

Psyché devant le Roi paraîtra sous mon nom,

Mais je ne l'ai pas faite.

BOILEAU.

Expliquez-vous ?

CORNEILLE.

Eh ! non,
Messieurs, c'est assez vous en dire ;
Molière a voulu rire,
Cet ouvrage est le sien.

MOLIÈRE, *désignant Corneille.*

Vous en voyez l'auteur !
Comment le méconnaître à tant de modestie ?
Je restitue à son brillant génie
Psyché, dont vainement il veut me faire honneur.

LA FONTAINE.

Ne l'avais-je pas dit !

BOILEAU, *à Corneille.*

Boileau vous félicite.

RACINE, *au même.*

Nous irons voir *Psyché*.

LA FONTAINE.

J'en prédis le succès.

RACINE.

Rendez-vous aux désirs du Théâtre-Français,
Monsieur ; envers la gloire il ne vous tient pas quitte.

CORNEILLE.

Moi !... ma dette est payée, et c'est vous, aujourd'hui,
Qu'au déclin de Corneille il aura pour appui.
De mon sceptre en vos mains je remets l'espérance,
Mon règne va finir, et le vôtre commence.

SCÈNE XIV ET DERNIÈRE.

LES PRÉCÉDENS, UN PAGE, *puis* Mme. ET Mlle. CORNEILLE, FONTENELLE, VALÈRE.

LE PAGE.

Mille pardons, Messieurs, d'arriver jusqu'ici.
Monsieur Corneille est-il?...
(*Tout le monde s'est levé, à l'exception de La Fontaine.*)

THOMAS.

Nous voilà.

CORNEILLE.

Me voici!

LE PAGE.

Accordez-vous, Messieurs, car je n'ai qu'une lettre.

THOMAS.

A qui vous a-t-on dit, mon cher, de la remettre?

LE PAGE.

Mais.... à monsieur Corneille.

RACINE, *à Boileau.*

Un page de Colbert!

THOMAS.

Est-ce à mon frère, à moi?...

BOILEAU, *à part.*

Vais-je être découvert?

LE PAGE, *à Thomas.*

Attendez... on m'a dit au grand Corneille!
(*Thomas prend la lettre, la donne à son frère; le page sort.*

BOILEAU, *remarquant l'action de Thomas.*

Eh ! vite !...
Il sait que la coutume à son aîné profite,
Qu'il n'est, lui, qu'un cadet de Normandie.

LA FONTAINE, *se levant avec vivacité.*

Holà !
Thomas est notre ami.

BOILEAU, *serrant la main à Thomas.*

Point de doute à cela.

CORNEILLE, *remettant à Thomas la lettre, après l'avoir lue.*

Tiens, lis à ces Messieurs ; ils voudront bien apprendre
Ce qu'a produit pour moi le zèle le plus tendre.

(*Ici, la famille de Corneille, qui était restée dans le fond du théâtre, s'approche pour entendre la lecture de cette lettre. Chacun prête l'oreille avec intérêt, hors Boileau, dont la contenance décèle un secret embarras.*)

THOMAS, *lisant.*

« *Cabinet du Ministre.*

» A MONSIEUR CORNEILLE L'AÎNÉ.

» Je m'empresse de vous informer, Monsieur, que le » Roi vient de me donner l'ordre de rétablir sur les feuilles » du trésor votre pension, et de la porter à deux mille écus. » Cette prompte justice du souverain, vous la devez, sans » contredit, à son intérêt particulier, et aussi aux vives » instances de l'un de vos meilleurs amis auprès du Roi. » *Sire*, a-t-il dit librement à Sa Majesté, *ou faites restituer* » *au grand Corneille la pension dont par erreur, sans* » *doute, on l'a privé, ou souffrez que je fasse en vos mains* » *le sacrifice de la mienne.* Cet ami m'a fort recommandé » de vous taire son nom, mais ses défenses me prescrivent

» un devoir contraire. Je vous le signale, je vous le dé- » nonce impitoyablement : c'est notre satirique, c'est » M. Despréaux !

» Votre affectionné,

» *Signé* Colbert. »

CORNEILLE, *à Boileau.*

Noble ami !

RACINE, *au même.*

Voilà bien le plus sublime trait !...

BOILEAU, *brusquement.*

Trève de complimens : ne l'eussiez-vous pas fait ?

THOMAS.

L'excellent homme au moins que ce fier satirique !

LA FONTAINE.

« On ne sait bien souvent quelle mouche le pique ! » *
Mais le fiel de sa plume a respecté son cœur.

CORNEILLE, *à ses amis, montrant sa famille.*

De dîner avec nous faites-moi tous l'honneur.
Femme, entends-tu ?

Mme. CORNEILLE.

Messieurs, en amis, en famille.

MOLIÈRE, *prenant par la main Mlle. Corneille et la présentant à la compagnie.*

Oui, Pierre nous invite aux noces de sa fille.
Le jour est bien choisi ! qu'il soit tout employé
A fêter les amours, la gloire et l'amitié.

(*La toile tombe.*)

FIN.

* Vers de Boileau.

REMERCIMENT

A madame LEVAVASSEUR, née DE CHAPAIS DE MARIVAUX, et à M. Charles LEVAVASSEUR, son fils, du superbe bouquet de fleurs et de la lettre toute flatteuse, toute poétique, l'accompagnant, qu'ils m'ont fait l'honneur de m'adresser le lendemain de la représentation, sur le théâtre des Arts, à Rouen, de la comédie en un acte et en vers, ayant pour titre : *Racine chez Corneille*, ou la *Lecture de* Psyché.

CORNEILLE, oh! qu'il est doux, après t'avoir chanté,
Et fait voler les cœurs sur tes divines traces,
De conquérir un prix dont l'éclat t'eût flatté!...
Je reçois en ton nom, des mains de la beauté,
L'encens du dieu du goût et le bouquet des Grâces.

BRULEBOEUF-LETOURNAN.

ROUEN, 1er. juillet 1825.

www.ingramcontent.com/pod-product-compliance
Ingram Content Group UK Ltd.
Pitfield, Milton Keynes, MK11 3LW, UK
UKHW021021180726
13838UKWH00004B/1603